Sicher ist sicher. Bei aller Sorgfalt, die wir in der Recherche haben walten lassen, können sich Öffnungszeiten auch einmal kurzfristig ändern, oder ein Lokal ist gerade an Ihrem perfekten Mailand-Wochenende ausgebucht oder geschlossen. Darum empfehlen wir, grundsätzlich möglichst weit im Voraus zu reservieren. Ein kurzer Anruf genügt, und Sie können sicher sein, zur vereinbarten Zeit einen Platz zu finden.

für die Süddeutsche Zeitung Edition
in Kooperation mit smart-travelling print UG, Berlin
Reihe „Ein perfektes Wochenende ...“

Konzept und Redaktion: Nancy Bachmann, Nicola Bramigk
Projektleitung: Sabine Sternagel
Texte: Nicola Bramigk, Andrea Zepp
Fotos: Nicola Bramigk; 10 Corso Como (S. 84-87)
Covergestaltung: Florentin Aisslinger
Gestaltung und Illustration: Rahel Streiff
Produktion: Jünger + Michel, Berlin
Herstellung: Thekla Licht, Hermann Weixler
Druck und Bindung: optimal media GmbH, Röbel/Müritz
Printed in Germany
ISBN: 978-3-86615-886-3

3. aktualisierte Auflage, 2016

SMART
TRAVELLING

EIN PERFEKTES WOCHENENDE ...
MAILAND

www.smart-travelling.net

LIEBLINGSADRESSEN IN MAILAND

Hotel: Sheraton Diana Majestic
Viale Piave, 42
Tel: 0039 02 20581

Seite 9

Hotel: Watt Tredici
Via Giacomo Watt, 13
Tel: 0039 02 45449100
oder 0039 02 366682333

Seite 15

Restaurant: Ant. Trattoria della Pesa
Viale Pasubio, 10
Tel: 0039 02 6555741

Seite 21

Restaurant: Da Giacomo
Via Pasquale Sottocorno, 6
Tel: 0039 02 76023313

Seite 29

Restaurant: Osteria del Binari
Via Tortona, 3
Tel: 0039 02 8395095

Seite 37

Restaurant: Bagutta
Via Bagutta, 14
Tel: 0039 02 76002767

Seite 53

☞ Weitere Adressen finden Sie unter www.smart-travelling.net

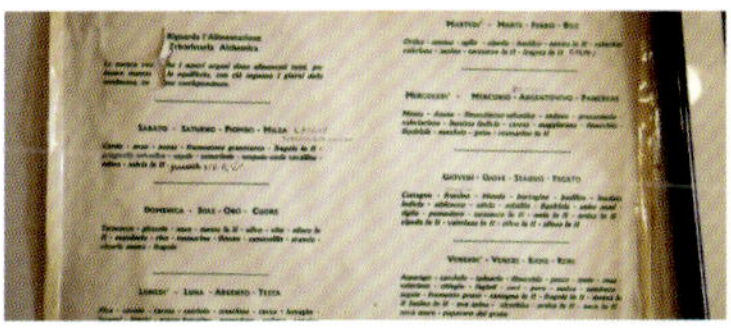

MAILAND – SEIN UND DESIGN

Ein Wochenende in Mailand wirkt wie ein sympathischer Nachhilfekurs im Genuss von „La Dolce Vita“. Wir können Sie nur liebevoll vor den möglichen Folgen warnen! Das gilt besonders für Frauen, denn Mode, Einrichtungsobjekte und Speisen haben hier einen ganz eigenen Magnetismus. Natürlich kommt es auf die Dosierung an, aber – und daran gibt es nichts zu rütteln: Hier präsentieren sich Menschen, Geschäfte und Restaurants auf allerhöchstem Niveau. Doch investieren lohnt sich – denn man wird mit einem beschwingten Lebensgefühl belohnt, von dem man anschließend noch wochenlang zehren kann. Wie das geht? Ganz entspannt: Verweilen Sie bei Espresso und Cornetti in den schönen Cafés und beobachten Sie die Mailänder bei ihren Gewohnheiten. Kleiden Sie sich ruhig mal von Kopf bis Fuß neu ein, das geht nirgendwo auf der Welt besser als hier. Machen Sie in einem der zahlreichen Museen eine spannende Zeitreise in die Renaissance. Gönnen Sie sich einen Campari als Aperitif und genießen Sie Mailänder Köstlichkeiten wie „Cotoletta alla Milanese“ und „Ossobuco“ ohne Kalorien zu zählen. Trotzen Sie dem Verkehr, indem Sie durch die Stadt radeln. Begeben Sie sich auf die beeindruckenden Spuren Leonardo da Vincis. Mailand ist reich an Kunst, Historie und Handel, vieles davon geht auf den toskanischen Meister zurück. So wie da Vinci die Gesetze der menschlichen Proportion studierte, können Sie sich in der Stadt und im Umland Mailands vom Gesetz der Anziehung überzeugen: „Schönes zieht Schönes an.“

Sheraton
HOTELS & RESORTS

SHERATON DIANA MAJESTIC

Wollen Sie einfach nur übernachten – oder im Imperialstil logieren? Das Diana Majestic ist vielleicht das schönste Luxushotel in Mailand. Ein Blick in die Zimmer ist wie eine Zeitreise. Dank liebevoller Restaurierung antiker Originalmöbel wurde jedes der 106 Zimmer zu einem Unikat. Wohnliche Farbtöne, gediegene Marmorbäder, Terrassen und Balkone mit Gartenblick sorgen für Urlaubsgefühle. Für die Extra-Portion Luxus werden auch Zimmer mit Dampfbädern und Schallisolierung angeboten. Die einmalig schöne Hotelterrasse mit Brunnen und altem Baumbestand hat die Wirkung einer kraftspendenden Oase, ideal für gestresste Business-Menschen. Das Frühstück ist das beste der Stadt und wird auch draußen serviert. Im Frühjahr kann man unter einem Dach aus blauen Glyzinien verweilen, in Stadtplänen und Literatur schmökern oder den nächsten Kultur- oder Shoppingtrip planen. Ganz in der Nähe liegt das Museum Galleria d'Arte Moderna, direkt am Giardini Indro Montanelli. Aber auch Shoppingmeilen wie die Via della Spiga und die Via Montenapoleone sind nicht weit entfernt. Die Modewelt hat diese Adresse schon lange für sich entdeckt. Wenn die Stadt nicht überfüllt ist, lassen sich hier immer noch gute Raten aushandeln.

Sheraton Diana Majestic Adresse: Viale Piave, 42
Tel: 0039 02 20581 Internet: www.sheratondianamajestic.com
Preise: DZ ab 216 Euro

☞ Nu Hotel

Mit hellen Sandtönen, viel Holz und skandinavischem Design präsentiert sich dieses Vier-Sterne-Hotel mit seinen 38 Zimmern. Zehn Minuten mit dem Auto ist es vom Flughagen Linate entfernt, zehn Minuten zu Fuß vom Bahnhof Milano Mambrate. Die Zimmer sind hell und luftig, mit schlichten Garderobenaufhängern, modernen Blumen- und Ornamenttapeten sowie fantasievoll gekachelten Bädern. Schön ist auch das lichtdurchflutete Restaurant im obersten Stockwerk, das mit Blick über die Dächer der Stadt klassische italienische Küche serviert. An warmen Tagen kann man dort auch auf der Terrasse sitzen.

Adresse: Via Feltre, 19b, Tel: 0039 02 971 5451
Internet: www.nu-hotel.com
DZ ab 150 Euro

La Masseria
La Masseria
504

WATT TREDICI

Schon beim Betreten staunt man über das Design: Vor der Rezeption baumelt eine gigantische „Castore"-Lampe von Michele De Lucchi und Huub Ubbens von der Decke, an der Bar nehmen Sie auf einem Barhocker von Moroso Platz. Im Zentrum der Designmetropole Mailand gelegen, trumpft das Watt Tredici mit den schönsten italienischen Kreationen auf. Damit die Objekte gut zur Geltung kommen, ist das großzügige Entree des Hauses hell und durchlässig gestaltet. Fast übergangslos gelangt man ins Restaurant: zwei luftige Räume, in denen morgens ein großes und überdurchschnittlich gutes Buffet mit viel frischem Obst, hervorragendem Prosciutto und einer enormen Kuchenauswahl präsentiert wird. Hier speist die stylische „Generation iPhone" – und es gibt niemanden, den das stört. Die 87 Zimmer sind schlicht und funktional eingerichtet, aber – und das ist etwas Besonderes in ganz Italien – es gibt Federbetten. 100 Jahre ließe es sich auf diesen erstklassigen Betten ruhen ... Aber Mailand ist natürlich zu aufregend, um es zu verschlafen. Die benachbarte Tortona-Gegend glänzt in Bezug auf Design und macht das Watt Tredici zu einem idealen Hotelstandort für Liebhaber des modernen, jungen Mailands – wenn es auch ein bisschen weit im Süden liegt.

Watt Tredici Adresse: Via Giacomo Watt, 13
Tel: 0039 02 45449100 oder: 0039 02 366682333
Internet: www.watttredicihotel.com Preise: DZ 99 Euro inkl. Frühstück

idea HOTEL
INTERNAZIONALE DEL MOBILE
12 – 17 April 2011
Breakfast event
"The Strawberry Week"
www.ideahotel.it

☞ The Yard Suit & Dependence

Das Boutique Hotel The Yard liegt im hippen Stadtteil Navigli ganz in der Nähe des Kanalnetzes, welches dem Viertel seinen Namen gibt. Einst kamen auf diesem Wege Marmor und andere Kostbarkeiten nach Mailand. Heute reihen sich Restaurants und Bars entlang des Ufers. The Yard ist in einem Mailänder Townhouse untergebracht und verfügt über 14 individuell gestaltete Suiten. Mit seinen gemütlichen Armsesseln, dunklen Ledermöbeln und Sportaccessoires fühlt man sich weniger wie in einem Mailänder Palazzo als in einem britischen Club. Eine gute Bar darf da selbstverständlich nicht fehlen und so befindet sich in der Lobby die Bar The Doping Club.

Adresse: Piazza Ventiquattro Maggio, 8
Tel: 0039 02 8941 5901
Internet: www.theyardmilano.com

GENTLEMEN
GENTLEMEN

VIETATO SPUTARE IN TERRA

ANTICA TRATTORIA DELLA PESA

Die Antica Trattoria della Pesa ist in ihrer puren Schönheit einfach perfekt. Der Charme liegt in der behutsamen Art, mit der das alte Interieur bewusst respektiert wird; sanft sind, hier und da, mit einem wachen Auge stilsicher ein paar schlichte Butterkekse auf alten Etageren und Birnen, in Rotwein gekocht, in wunderschönen Schüsseln auf dem Buffet dekoriert. Verantwortlich für all die schönen Facetten ist Francesca, die Tochter des Hauses, die 2004 die Antica Trattoria della Pesa von ihrer Mutter übernommen hat. Alles ist sehr familiär. Treue Stammgäste kennen die Mitarbeiter schon seit Jahrzehnten, sie gehören ganz selbstverständlich mit zum Inventar. In einer ruhigen Minute kann man sie auch mal bei ein paar Scherzen beobachten. Zum Glück hat ein so liebenswertes Restaurant auch eine gute Küche; die Köche stammen noch aus der Zeit von „Mama". Wer Lust hat, in die lombardische Fleischküche einzusteigen, kann ein klassisches „Bollito Misto" probieren: gekochtes Fleisch, ähnlich einer Schlachterplatte, mit Gemüse, eingelegten Früchten und einer grünen Sauce, angerichtet vom Wagen. Leichter ist sicher das „Risotto Milanese" – die Einheimischen schätzen besonders die gebackene Variante mit einer knusprigen Kruste. Doch die klassische Zubereitung ist einfach cremiger und überzeugender. Zum krönenden Abschluss gibt es hier die beste Zabaione Mailands, handgeschlagen: ein kleiner schäumender Traum, der auf der Zunge zergeht.

Antica Trattoria della Pesa Adresse: Viale Pasubio, 10 Tel: 0039 02 6555741
Öffnungszeiten: Montag – Samstag 12.30 – 14.30 Uhr und 19.30 – 23.00 Uhr,
Sonntag geschlossen Internet: www.anticatrattoriadellapesa.com

☞ Ceresio 7

Die Modebranche erobert nach und nach die Gastronomie. Nach Armani und Cavalli wollen jetzt auch die DSquared2-Zwillinge Dean und Dan Caten die Gastroszene erobern. Mit ihrem Restaurant auf dem Dach in der Via Ceresio 7 bieten sie nicht nur einen atemberaubenden Blick über die Dächer Mailands, sondern auch Gerichte aus den Händen des bekannten Kochs Elio Sironi. Die Atmosphäre hat Grandezza, modern, die mit einem american-retro-Touch versehen ist. An den Tischen sitzt die coole Szene Mailands. Die Chance diese hier im Bikini zu sehen ist nicht gering, denn die beiden Pools machen es möglich, zwischen zwei Gängen ins Wasser zu springen und sich abzukühlen.

Adresse: Via Ceresio, 7, Tel: 0039 02 3103 9221
Internet: www.ceresio7.com
Öffnungszeiten: Täglich von 12.30 – 1.00 Uhr

DA GIACOMO

Da Giacomo gehört zu den alten Institutionen der italienischen Designmetropole. Hier trafen sich schon immer interessante Mailänder, gerne auch mit ausländischen Gästen, um ihnen die schönste Seite der Stadt zu zeigen: frischesten Fisch, anspruchsvolle toskanische Küche und ein gemischtes Publikum aus Designern, Intellektuellen – und Söhnen und Töchtern. Alle Einheimischen sind sich übrigens einig, dass Mailand den Fisch aus dem Meer um Sizilien schneller bekommt als Palermo. Da schwingt auch eine gewisse Arroganz mit, aber genau das ist Mailand; und das ist auch „Da Giacomo“: diese eigene Mischung aus Understatement und Abgehobenheit. Abends ist es immer voll, deshalb sollten Sie vorher lieber reservieren. Oder Sie kommen mittags, wenn das Licht durch die Fenster auf die türkisgrüne Holzverkleidung und den kunstvollen Fliesenboden scheint. Bei einem Teller Pasta mit Meeresfrüchten und einer Flasche kühlem Weißwein ist die Welt hier vollkommen. Giacomo liebt es, selber zu kochen, aber er hat seinem Schwiegersohn Marco den Kochlöffel übergeben. Er beglückt heute hier und da seine Gäste mit seiner „Pizetta“ – ein knusprig warmer, verheißungsvoller Einstieg. Sie werden Giacomo sofort anhand des Logos erkennen, sein Profil ist recht markant. Seine klugen Augen spiegeln Lebenserfahrung und Leidenschaft wider – sie erzählen ohne viel Worte von seinem Erfolg über die vielen Jahre.

Da Giacomo Adresse: Via Pasquale Sottocorno, 6
Tel: 0039 02 76023313 Internet: www.giacomomilano.com
Öffnungszeiten: Täglich 12.30 – 14.30 Uhr und 19.00 – 23.30 Uhr

☞ Giacomo Bistrot

Bei einer Adresse konnte es einfach nicht bleiben: Das Bistro wurde eröffnet, und genau das hat Mailand gefehlt. Es erinnert an New York, London oder Paris. In einer Stadt, in der neben den alten Institutionen die Mailänder Modedesigner um die „designtesten" Orte buhlen, braucht es einen solchen warmen, kosmopolitischen Ort, an dem sich jeder sofort wohlfühlt. Von mittags bis Mitternacht, unabhängig von Uhrzeiten, können Sie hier einen köstlichen Hamburger, Bistecca Fiorentina oder Pata-Negra-Schinken essen. Dazu ein gutes Glas Rotwein, die Auswahl ist üppig, denn in der Weinkompetenz liegt mit der Schwerpunkt des Bistros.

Adresse: Via Pasquale Sottocorno, 6, Tel: 0039 02 76022653
Internet: www.giacomomilano.com
Öffnungszeiten: Täglich mittags bis Mitternacht

☞ Caffè Giacomo

Wer sich bereits zum Frühstück königlich fühlen möchte, der sollte seinen Cappuccino und sein Cornetto im eleganten Giacomo Caffè zu sich nehmen. Es befindet sich im Atrium des Palazzo Reale und wird geführt von der erfahrenen Gastronomenfamilie Bulleri, die auch das Restaurant und Bistrot Giacomo leiten. Die Wände sind bedeckt mit goldenen Spiegeln und großen Gemälden. So geschmackvoll wie die Einrichtung sind auch die Speisen. Es werden kleine Snacks, Kuchen, sehr guter Kaffee, Wein & Co angeboten.

Adresse: Piazza Duomo, 12, Palazzo Reale, Tel: 0039 02 89096698
Internet: www.giacomocaffe.com, Öffnungszeiten: Täglich 7.30 – 19.30 Uhr, Donnerstag und Samstag bis 22.30 Uhr

OSTERIA DEL BINARI

Der wunderschöne Eingang führt direkt in ein irdisches Schlaraffenland. Im Winter sitzt man in behaglich eingerichteten Räumen an loderndem Kaminfeuer, im Sommer auf einem ehemaligen Bocciaplatz, der durch die Bepflanzung mit Wein und blauer Glyzinie zu einem seltenen Idyll wurde. Mauro Dinti, der Geschäftsführer, leitet seine Gäste wie Freunde zu ihren liebevoll gedeckten Tischen. Ein dekoratives, einem Blumenstrauß ähnliches Gebilde aus knackig frischem Gemüse lädt zum Anknabbern ein, dazu werden umgehend diverse ofenwarme Brote, Pasteten, hauchdünner Schinken, Mortadella und ein Glas Prosecco gereicht. Fassungslos angesichts der Üppigkeit und Qualität des „ersten Grußes aus der Küche" freuen wir uns auf „Risotto Milanese" und „Ossobuco". Dazu trinken wir köstlichen Wein aus dem Piemont. Zum Dessert wählen wir „Iles Flottantes" und geraten ihrer perfekten Konsistenz, ihres nussigen und karamelligen Aromas wegen ultimativ in Trance. Paradiesisch! Auch die Rechnung um die 45 Euro – inklusive Getränken – sorgt nicht für eine Kollision mit der Wirklichkeit. Einzig die gelegentlichen Geräusche der S-Bahn-Station erinnern daran, dass wir nicht im Himmel gelandet sind. Die Osteria del Binari ist ein Smart-Travelling-Lieblingsort.

Osteria del Binari Adresse: Via Tortona, 3
Tel: 0039 02 8395095 Öffnungszeiten: Montag – Samstag 20.00 – 22.30 Uhr, Sonntag geschlossen Internet: www.osteriadelbinari.com

Ein Gespräch mit Mauro Dinti

Besitzer der Osteria del Binari

Warum haben Sie das Restaurant von Ihrem Vater Cesare Dinti übernommen?
Ich habe sogar zwei Restaurants von meinem Vater übernommen: die Osteria del Binari und die Trattoria Aurora. In beiden Restaurants stecken viele Jahre Arbeit und auch Liebe, es macht mir Spaß, diese gastronomische Tradition fortzuführen. Außerdem ist die Konkurrenz in Mailand groß, man kann sich keineswegs auf den väterlichen Lorbeeren ausruhen.

Worin genau liegt die Herausforderung in der Osteria del Binari?
Für mich liegt der Reiz zunächst in der einmaligen Lage. Es ist auch für mich schön, hier in diesem Kleinod ohne Verkehrslärm zu arbeiten. Die Herausforderung liegt vor allem darin, den wachsenden Ansprüchen eines verwöhnten internationalen Publikums gerecht zu werden.

Und wie gelingt Ihnen das immer wieder?
Die Qualität muss immer erstklassig sein. Zum Beispiel die Backwaren, die wir zu jedem Gang reichen. Es sind nicht nur die vielen Varianten, sondern auch der besondere Geschmack, beides zusammen überzeugt und verwöhnt die Gäste. Unser Patissier ist Marokkaner und wohl der beste in Mailand.

Was schätzen Ihre Gäste am meisten, wenn sie hier sind?
Dass sie in einer einzigartigen, grünen, ruhigen Oase, die zudem noch zentral gelegen ist, sehr gut speisen und das zu sehr fairen Preisen: Um die 45 Euro für drei Gänge mit Wein in der Qualität – das findet man nicht so oft.

☞ Ostello un posto a Milano

Un Posto a Milano befindet sich in einem der ganz wenigen Gebäuden der Stadt, die noch aus dem 17. Jahrhundert stammen. Lange Zeit stand das wunderschöne alte Gehöft vergessen und vernachlässigt da. Erst vor ca. 20 Jahren schloss sich eine Gruppe Visionäre zusammen und verwandelte die Gemäuer in ein multifunktionales Zentrum für Essen, Kultur, Umwelt und soziale Aktivitäten. Besonders lohnenswert ist ein Besuch des Restaurants. Sowohl abends als auch mittags wird ein wechselndes Menü angeboten, zubereitet nur mit Zutaten von kleinen, familiengeführten Betrieben aus dem Umland. Seit Kurzem gehört auch ein Hostel mit 16 Betten dazu.

Adresse: Via Cuggiana, 2, Tel: 0039 02 5457785
Internet: www.unpostoamilano.it
Öffnungszeiten: Dienstag – Sonntag 10.00 Uhr – Spätabends

TRATTORIA

☞ Ratana

Mitten zwischen die modernen Hochhäuser des Ponte-Garibaldi-Viertels kuschelt sich eine wunderschöne Art-Noveau-Villa aus längst vergangenen Zeiten. Nicht nur die Architektur ist auffällig, auch die Küche ist besonders. Zwar kommen auch im Ratana lombardische Klassiker auf den Tisch, wie Risotto oder Ossobuco alla milanese, doch wird großer Wert darauf gelegt, dass die Speisen saisonal, regional und nach den Regeln der Slow-Food-Bewegung umgesetzt werden. Die Einrichtung des Restaurants erinnert an die einstige Funktion der Villa, die in der Vergangenheit als Lagerhaus der Eisenbahn diente.

Adresse: Via Gaetano de Castilla, 28
Tel: 0039 02 76280856, Internet: www.ratana.it
Öffnungszeiten: Täglich von 12.30 – 14.30 Uhr und 19.30 – 23.30 Uhr

AZIENDA AGRICOLA
GULFI
www.gulfi.it
Barale Fratelli
PRODUTTORI VINI SUPERIORI
BAROLO (Piemonte)
RATANÀ
APERITIVO

R.PE.PE.

☞ 28 Posti

Ein traditionsreicher Treff mit üppig gefüllten Vitrinen voller Küchlein und Panini ist die Pasticceria Taveggia. Eine gute Wahl für ein kleines Frühstück, ein feines Mittagessen oder einen Kaffee am Nachmittag. Sie speisen inmitten eines illustren Publikums, denn in direkter Nachbarschaft befinden sich die Mailänder Scala, Gerichte, Verwaltung und das Konservatorium. Probieren Sie unbedingt eine der leichten und raffinierten Mozzarella-Varianten, zum Beispiel mit Chicorée oder Sardellen. Als süßes Mitbringsel empfiehlt sich ein dekorativ verpackter hausgebackener Panettone. 6000 Stück werden hier von Oktober bis Ende Februar verkauft.

Adresse: Via Corsico, 1, Tel: 0039 02 839 2377
Internet: www.28posti.org, Öffnungszeiten: Dienstag – Sonntag 12.00 – 14.30 Uhr und 20.00 – 23.00 Uhr, Montag geschlossen

SCHOOL
IS OPEN

☞ Erba Brusca

Das Konzept des Erba Brusca haben die Inhaber in zwei Worten zusammengefasst: Garten und Küche. Und genau das ist diese kleine Oase am Rande der Stadt auch. Das zweistöckige Haus wird umgeben von einem wunderschönen Garten, der die Küche Tag für Tag mit frischen Kräutern und Gemüse versorgt. Das Menü wechselt täglich und bietet hauptsächlich regionale und saisonale Speisen an, wie zum Beispiel Petersilien-Zitronen-Risotto. Die Küche und der Garten alleine sind so schön, dass man in Gefahr gerät, die hellen, mit Liebe und Geschmack eingerichteten Innenräume zu vergessen.

Adresse: Alzaia Naviglio Pavese, 286, Tel: 0039 02 87380711
Internet: www.erbabrusca.it, Öffnungszeiten: Montag und Dienstag geschlossen, Mittwoch – Sonntag 12.30 – 14.30 Uhr und 20.00 – 23.00 Uhr

God Safe the Food

God save the Food ist absolut unitalienisch und vielleicht gerade deswegen bei der jüngeren Crowd so beliebt. Hier gibt es keine festen Küchenzeiten, außerdem WiFi, am Wochenende Brunch und internationale Gerichte wie Eggs Benedict, griechischen Joghurt, Hummus und Burger. Ähnlich international wie die Speisen ist auch das Publikum. Unter die jungen, kreativen Locals mischen sich Blogger, Models und Touristen aus aller Welt.
Hier kommt man zusammen, um gemeinsam an neuen Ideen zu arbeiten oder sich über den letzten Salone del mobile auszutauschen.

Adresse: Via Tortona, 34
Tel: 0039 02 2222 9440, Internet: www.godsavethefood.it
Öffnungszeiten: Täglich von 8.00 – 24.00Uhr, Sonntag bis 18.00 Uhr

6

BAGUTTA

Dieses kleine Restaurant ist eine wunderbare Wahl nach einem anstrengenden Shopping-Vormittag im Goldenen Dreieck. Versteckt in einer Seitenstraße der Sant'Andrea, öffnet sich die Tür zu den schönen, traditionellen Räumen mit vielen Bildern an den Wänden und einem überdimensionierten, mit frischen Vorspeisen gefüllten Buffet. Oftmals sind es die Wirte, die den Stil und die Atmosphäre eines Restaurants prägen, aber manchmal sind es auch die Gäste: 1924 zog es den Schriftsteller Riccardo Bacchelli ins Bagutta, weil es so einfach, echt und gemütlich war. Bereits ein Jahr später wurde es zum Treffpunkt von Schriftstellern, Malern und Journalisten.
Heute trifft man hier zudem Schauspieler, Geschäftsleute und Modeschaffende. Das Bagutta ist eine lebende Legende, nicht nur weil hier der erste Literaturpreis Italiens entstand, sondern auch wegen seiner authentischen Küche. Wir empfehlen neben den Antipasti das „Risotto allo Champagne" mit grünem Spargel und dazu einen leichten Artischockensalat. Ein Blick auf die Bilder an den Wänden lohnt sich unbedingt. Nach einem gemütlichen Mittagessen ist man inspiriert und gestärkt, um weitere Schätze Mailands zu entdecken.

Bagutta Adresse: Via Bagutta, 14
Tel: 0039 02 76002767 Internet: www.bagutta.it
Öffnungszeiten: Täglich 12.30 – 22.30 Uhr, Sonntag geschlossen

Disegni di
Pier Paolo
Pasolini
PUCCI

DA RITA E ANTONIO

Eine echtes Erlebnis ist es, bei Rita e Antonio ein „Cotoletta Milanese“ zu essen. Es ist perfekt paniert, einfach köstlich und wird nicht umsonst „Elefantenohr“ genannt. Es lappt rundum über den Tellerrand, hängt an einem vier Zentimeter hohen Knochen, und jeder staunt darüber, wie es wohl möglich ist, ein dickes Stück Fleisch so dünn zu schlagen. Die übrige Küche ist durchweg italienisch mit einer Ausnahme: Das Rezept der Pizza aus dem Steinofen bleibt streng neapolitanisch: Hauchdünn, aber mit dickem Rand, gehört sie hier zu den beliebten Klassikern. Optisch erinnert das Restaurant mit seinen halbrunden Sitzbänken, blauen Tischdecken und Topfblumen an eine Flughafen-VIP-Lounge aus den 1970er-Jahren. Ebenfalls „old school“ ist der äußerst zuvorkommende Service der schon etwas reiferen Kellner. Man hat den Eindruck, sie liebten ihren Beruf wie am ersten Tag. Alle zusammen wirken wie eine große Familie, auch deshalb fühlt man sich bei Rita und Antonio sehr wohl. In direkter Nachbarschaft befindet sich das Teatro Dal Verme – kein Wunder also, dass hier viele Theaterleute zur Stammkundschaft gehören. Da Rita e Antonio ist ein Geheimtipp, denn hierher verirren sich nur wenige Touristen.

Da Rita e Antonio Adresse: Via Giacomo Puccini, 2a
Tel: 0039 02 875579 Internet: www.daritaeantonio.it
Öffnungszeiten: Dienstag – Sonntag 12.00 – 14.30 Uhr und 19.00 – 23.30 Uhr, Montag geschlossen

VIETATO
FUMARE
HAG
HAG

Rito

LATTERIA SAN MARCO

Hinter einer unscheinbaren, milchigen Glastür versteckt sich diese kleine, alte Latteria. Direkt beim Eintreten fällt der Blick auf einen kitschigen Paravent und Rosenbilder in allen erdenklichen Varianten. Wir empfehlen ein frühes Mittagessen, denn Reservierungen sind nicht möglich; die wenigen Plätze verteilt die resolute Chefin Signora Maggi persönlich, während in einer winzigen Küche, hinter einem Stoffvorhang, der Padrone Arturo Maggi die einfachen Köstlichkeiten mit Hingabe zubereitet. Man spürt sofort, dass es hinter dem Vorhang um mehr als Kochen gehen muss – man weiß nur noch nicht genau, um was. Viele Gäste werden mit Handschlag begrüßt: alles offensichtlich „Eingeweihte“, gut gekleidet, gebildet, typisch mailändisch eben, allesamt ein ziemlicher Gegensatz zum extrem unauffälligen Interieur. Als wir nach kurzer Zeit unsere Vorspeise, eine „Crudaiola di Arturo“, probieren, sind wir der Magie auf der Spur. Wir fühlen uns von der frischen Paste aus Fenchel, Möhren, Salat und Tomaten auf Bulgur göttlich genährt: gesund und überraschend aromatisch. Perfekt gestärkt waren wir schließlich nach einer Portion „Spaghetti al Limone“. Ein Hinweis darauf, warum alles so vorzüglich schmeckt, findet sich an einer Wand, zwischen den unzähligen Rosenbildern auf leicht vergilbten Fotos: das Ehepaar Maggi beim Ernten – ihre Körbe sind gefüllt mit gutem Gemüse aus gesundem Boden.

Latteria San Marco Adresse: Via San Marco, 24 Tel: 0039 02 6597653
Öffnungszeiten: Montag – Freitag 12.30 – 14.30 Uhr und 19.00 – 22.00 Uhr, Samstag und Sonntag geschlossen

„Crudaiola di Arturo"

4 Personen

Zunächst werden die Karotten separat in einer Küchenmaschine zerkleinert, dann erst kommt der Rest des marktfrischen, möglichst Bio-Gemüses dazu. Parallel setzen Sie die vier Esslöffel Bulgur in sprudelndem Salzwasser auf. Dann häckseln Sie die Fenchelknolle, den Blattsalat und die Tomaten gemeinsam mit den bereits zerkleinerten Karotten. Geben Sie zwei Zweige Basilikum und zwei Teelöffel Meersalz dazu sowie eine halbe Tasse Maisöl. Bitte auf gar keinen Fall Olivenöl benutzen! Erst später, wenn die fertige Crudaiola mit einem Esslöffel Bulgur auf dem Teller angerichtet ist, kann man das Gericht je nach Geschmack mit kaltem Olivenöl verfeinern.

4 Karotten
1 Fenchelknolle
1/2 grüner Blattsalat
1/2 kg Tomaten
2 Zweige Basilikum
2 TL Meersalz
1/2 Tasse Maisöl
4 EL Bulgur

VIETATO
FUMARE

Ein Gespräch mit Arturo Maggi

Geschäftsführer der Latteria San Marco

Köche haben immer ein Geheimnis – was ist Ihres?

Vor allem wohl, dass ich kein Koch bin!

Ist das Bescheidenheit? Wir haben selten so gut gegessen!

(grinst weise) Sie haben eine Crudaiola gegessen und die wird ja noch nicht einmal gekocht! Gott hat sie gewissermaßen zubereitet.
Ich beschäftige mich seit 17 Jahren mit den Gesetzen der Natur und der Elemente.

Und was bedeutet das konkret für Ihre Küche?

Ich verstehe es, die Zutaten gut zu kombinieren, das ist alles – und das hat etwas mit Alchimie zu tun, ich verwende zum Beispiel nicht zu viel Fett und gern sehr viel Rohes.

Und das schätzen offensichtlich auch Ihre Gäste!

Na, die merken ja direkt, dass mein Essen nicht im Magen liegt wie Marmor und dass sie im Anschluss genügend Energie haben, um zu arbeiten. Ich weiß gar nicht, ob meine Gäste darüber nachdenken, ob sie hier bewusst etwas für ihre Gesundheit tun ...

Wie wichtig ist Ihnen der Aspekt einer gesunden Ernährung?

Die Gesundheit ergibt sich ja fast von selbst, wenn man auf die Qualität der Zutaten seiner Speisen achtet. Und das ist für mich das oberste Gebot. Außerdem weiß ich auch, was man essen sollte, wenn man ein bestimmtes Organ stärken möchte oder einen Mangel hat. Die Natur kann jeden Mangel beseitigen und das fasziniert mich. Gutes kann nur aus einer guten Erde kommen. Alles, was in der Küche auf Effekt hin mit großem Tamtam kreiert wird, interessiert mich nicht.

CAFFE'
PASTICCER

PASTICCERIA CUCCHI

Seit 1936 werden in alter Tradition der Familie Cucchi feinste Kuchen, Cornetti und salziges Gebäck zum Aperitif angeboten. Das Interieur mit dem Charme der 1930er-Jahre blieb erhalten und verströmt angenehme Gefühle einer unbeschwerten italienischen Zeitlosigkeit. Signore Cucchi selbst sitzt an der Kasse und wacht über die letzte Generation von Männern, die es versteht, mit sehr viel Stil und Würde Kaffee zuzubereiten. Den genießt von früh bis spät ein durchweg sympathisch gemischtes Publikum: junge moderne Menschen in kreativen Berufen, aber auch ältere Herren, die gelassen ihre Zeitung studieren und dabei ihre antiquierten Sonnenbrillen-Zusatzgestelle nach oben klappen. Hier geht es nicht um „Sehen und gesehen werden", sondern um echte Begegnungen. Stammkunden schätzen seit Jahren ihren Espresso an der Theke genauso wie die köstlichen Croissants und das vertraute Gespräch mit den Angestellten. Ein Platz auf den mintgrünen Flechtstühlen im unabsichtlichen Retrodesign ist ideal für einen Aperitivo auf der Terrasse nach einem Bummel auf dem Corso Genova. Hier kann man in Ruhe seine Einkäufe betrachten – oder einfach nur das bunte Treiben. Ins Cucchi möchte man auf jeden Fall wiederkommen.

Pasticceria Cucchi Adresse: Corso Genova, 1
Tel: 0039 02 89409793 Internet: www.pasticceriacucchi.it
Öffnungszeiten: Dienstag – Sonntag 7.00 – 22.00 Uhr, Montag geschlossen

CHIVAS REGAL
Red Label
FOUR ROSES
BOURBON
JACK DANIEL'S
RARE
J&B
GLENGRANT
Ballantine's
Petrus
AVERNA
DISARONNO
MOLINAR

BARBIERI
BARBIERI

non qui
9.50

☞ Pasticceria Taveggia

Ein traditionsreicher Treff mit üppig gefüllten Vitrinen voller Küchlein und Panini ist die Pasticceria Taveggia. Eine gute Wahl für ein kleines Frühstück, ein feines Mittagessen oder einen Kaffee am Nachmittag. Sie speisen inmitten eines illustren Publikums, denn in direkter Nachbarschaft befinden sich die Mailänder Scala, Gerichte, Verwaltung und das Konservatorium. Probieren Sie unbedingt eine der leichten und raffinierten Mozzarella-Varianten, zum Beispiel mit Chicorée oder Sardellen.

Adresse: Via Uberto Visconti di Modrone, 2, Tel: 0039 02 76280856
Internet: www.taveggia.it, Öffnungszeiten: Täglich 7.00 – 21.00 Uhr,
Sonntag und Feiertage 8.00 – 20.00 Uhr

BAR BASSO

Eine wunderbare Bar für einen „After-Work-Drink“ und das zweite Zuhause einiger namhafter Designer wie Konstantin Grcic, Ettore Sottsass, Jasper Morrison, Marc Newson, Giulio Cappellini und James Irvine. Als sie Mitte der 1980er-Jahre hier eine geheime Party feierten, wurde die Bar Basso zum absoluten In-Treff – und blieb es bis heute. Und das, obwohl die Bar klassisch gediegen eingerichtet ist und die Kellner eher Grandseigneurs als Hipster sind. Die Cocktails werden in vasengroßen Gläsern gereicht, sind großzügig gemixt, machen gute Laune und aufgrund der hohen Qualität keinen Kater. Probieren Sie einen Erdbeer-Cocktail, wenn die wärmende Sonne die Menschen auf die Außenplätze zieht.
Während der Mailänder Möbelmesse kann es hier richtig eng werden, ansonsten ist das Basso ein angenehm ruhiger Ort, an dem man einen erlebnisreichen Sightseeing-Tag gemütlich ausklingen lassen kann. Die Bar ist ebenso wie die Geschäftsführer unaufgeregt und freundlich. Der 80-jährige Gründer Mirko Stocchetto arbeitet genau wie sein Sohn täglich in der Bar. Als Giorgio, ein Kellner, der seit der Gründung Ende der 1960er hier den aufmerksamen Service entscheidend mitgeprägt hatte, pensioniert worden war, fehlte ihm die Bar so sehr, dass er nach 20 Monaten Rente um einen neuen Vertrag bat. Das allein spricht Bände, finden wir.

Bar Basso Adresse: Via Plinio, 39 Tel: 0039 02 29400580
Internet: www.barbasso.com Öffnungszeiten: Montag, Mittwoch – Sonntag 9.00 – 1.15 Uhr, Dienstag geschlossen

Ein Gespräch mit Maurizo Stocchetto

Geschäftsführer der Bar Basso

Wie erklären Sie sich die Anziehung der Bar Basso auf Designer?

(schmunzelt) Mein Vater hat früher in Grand Hotels in Cortina gearbeitet und viel Erfahrung mit den Ansprüchen kreativer Künstler und berühmter Hollywoodstars wie Liz Taylor und Ava Gardner machen können. Für ihn wurde schnell klar, was die „glamourösen" Menschen mögen.

Verraten Sie es uns?

Qualität und Cocktails! – Als mein Vater 1967 die Bar Basso eröffnete, wollte er unbedingt Cocktails anbieten, denn die gab es damals in ganz Mailand nicht. Was es auch nicht gab, waren Gläser in einer gewissen Größe, also kreierte mein Vater sie.

Und die kamen besonders gut bei Designern an?

Ja, das ist wahr! Deshalb haben wir sie immer noch.
Auch der Sekt, den mein Vater in Frankreich kaufte, war sehr beliebt, Italiener waren ja bis dato auf Wein fixiert. – Und die Flower-Power-Zeit ... plötzlich kamen Frauen in Bars! Alles wurde bunter, lockerer, Designer entwarfen neue Möbel, die stilprägend wurden. Das Leben wurde gefeiert – ohne Anlass ... Vespas wurden durch schicke Autos ersetzt, in denen man vor der Bar herrlich beeindrucken konnte.

Hatten Sie immer schon geplant, die Bar zu übernehmen?

Nein – ich studierte zunächst in Berkeley amerikanische Literatur, aber ich habe es immer geliebt, hier zu arbeiten: als Student, um Geld zu verdienen, und jetzt als der Nachfolger meines Vaters. Übrigens der Albtraum meiner Mutter! Aber: Die Bar ist mein Leben – ein aufregendes Leben, das ich nicht tauschen möchte!

Bar Basso
VIA ENRICO NOE
CHAMPAGNE
AMANT

IL COCKTAIL MODERNO
Bar Basso
TEL. 29400580

10 CORSO COMO

Eine Welt für sich und Mailänder Shopping-Institution für alle Trendsetter und Fashionfreaks ist Carla Sozzanis Conceptstore, der sich in einem Mailänder Palazzo auf zwei Stockwerke und rund um einen gemütlichen Innenhof ausbreitet. Den Kern bildet der Hauptstore, der alle neuen und angesagten Designerkollektionen mit passenden Accessoires, Schuhen, Schmuck und ausgewählten Wohnaccessoires präsentiert. Im zweiten Stock befinden sich Galerieräume mit wechselnden, sehr lohnenden Ausstellungen. Ein perfekt sortierter Buchladen mit exklusiven Kunstbildbänden und Magazinen und eine kleine, anspruchsvolle Auswahl an guter Musik lassen einen hier leicht einen ganzen Nachmittag verbringen.
Dazu gibt es ein Café-Restaurant mit idyllischer Garten-Terrasse, wo man sich bei frisch gepressten Säften, Tees von Mariage Frères, frischer Pasta und Salaten stärken oder den Shoppingtag mit einem Drink ausklingen lassen kann.
Tipp: Wer hier am liebsten gleich einziehen möchte, kann sich eine der 3 Suiten reservieren. Und noch ein Geheimtipp – gleich um die Ecke, in der Via Tazzoli 3, befindet sich das Outlet vom „10 Corso Como“ mit Schnäppchen aus den letzten Kollektionen bis zu 60% reduziert.

Adresse: Corso Como, 10 Tel: 0039 02 653531 und 0039 02 29002674
Internet: www.10corsocomo.com und www.3rooms-10corsocomo.com
Öffnungszeiten: Shop: Montag – Sonntag 10.30 – 19.30 Uhr,
Mittwoch und Donnerstag bis 21.00 Uhr
Café-Restaurant: 10.30 – 1.00 Uhr Preise: Suiten ab 290 Euro

ETTORE SOTTSASS
METAPHORS

PATT
ER
NS
Contemporary Design
ARABIAN DESIGN
SPANISH DESIGN

ZUCCA

SMART
TRAVELLING

GUT ZU WISSEN

Mailand ist groß – darum ist dieser Infoteil so klein. Hier erfahren Sie nicht alles und jedes, sondern genau das, was Sie für ein perfektes Wochenende brauchen. Wenige, aber genau die richtigen Informationen: Wissenswertes über die mailändische Lebensart, eine kleine subjektive Auswahl an Sehenswürdigkeiten, Spaziergängen und Tipps für Ausflüge. Dazu einen Stadtplan mit all unseren Lieblingsadressen, damit Sie nicht lange suchen müssen, sondern gleich anfangen können, Mailand zu genießen.

KULTUR

In Mailand würde ein Leben nicht ausreichen, um alle Sehenswürdigkeiten anzuschauen. Damit Sie nicht verzweifeln, haben wir für Sie die zehn bedeutendsten Attraktionen ausgewählt, die man einmal im Leben gesehen haben muss.

1. Mailänder Dom
2. Leonardo da Vincis Gemälde „Das letzte Abendmahl"
3. Scala / Teatro alla Scala
4. Galleria d'Arte Moderna
5. Pinacoteca Ambrosiana
6. Castello Sforzesco

7. Pinacoteca di Brera
8. Triennale di Milano
9. Naviglio Grande
10. Galleria Vittorio Emanuele II.

1. Mailänder Dom

Den Anblick des Mailänder Doms vergisst man sein ganzes Leben lang nicht mehr. Wenn die Sonne auf die Fassade aus weißem Marmor scheint, ist man regelrecht geblendet von seiner majestätischen Schönheit. Ähnliches erlebt man im Inneren, wenn Licht durch die wunderschön gestalteten farbigen Glasfenster fällt. Seine Entstehungsgeschichte umfasst fünf Jahrhunderte, mit seinem Bau wurde 1386 unter der Herrschaft von Gian Galeazzo Visconti begonnen.

Ein besonderes Vergnügen ist es, auf dem Dach des Doms zu verweilen, das ebenfalls aus Candoglia-Marmor vom Lago Maggiore gefertigt wurde. Man schlendert auf sensationellen 8000 Quadratmetern und kann nicht nur die 135 Turmspitzen des Doms aus nächster Nähe bewundern, sondern genießt auch einen atemberaubenden Blick durch 3400 Marmorstatuen auf die gesamte Stadt. Bei guter Sicht erkennt man sogar die nördliche Alpenkette und im Süden die Apenninen.

Piazza del Duomo

2. Leonardo da Vincis Gemälde „Das letzte Abendmahl"

Man muss kein Christ sein, um so etwas wie Andacht und Demut beim Anblick des „letzten Abendmahls" zu empfinden. Vier Jahre lang saß der toskanische Künstler Leonardo da Vinci vor einer Fläche von 9,1 Metern Länge und 4,2 Metern Höhe, um den Moment mit Pinsel und Temperafarbe festzuhalten, in dem Jesus seinen zwölf Aposteln in Jerusalem ankündigte, dass einer seiner Jünger ihn verraten werde. 1498 war das Meisterwerk fertig und zieht bis heute mit seiner Spannung und Emotionalität Betrachter in seinen Bann. Zu sehen ist das legendäre Kunstwerk im ehemaligen Refektorium des Dominikanerklosters Santa Maria delle Grazie. Seit Jahren wird das empfindliche Wandgemälde aufwendig restauriert. Zu seinem Schutz ist die Besucherzahl limitiert: Nur 25 Personen dürfen gleichzeitig eine Viertelstunde lang staunen. Am besten, Sie kümmern sich schon Monate vorher um Eintrittskarten.

Santa Maria delle Grazie
Piazza Santa Maria delle Grazie, 2
www.cenacolovinciano.net
Dienstag – Sonntag 8.00 – 18.45 Uhr

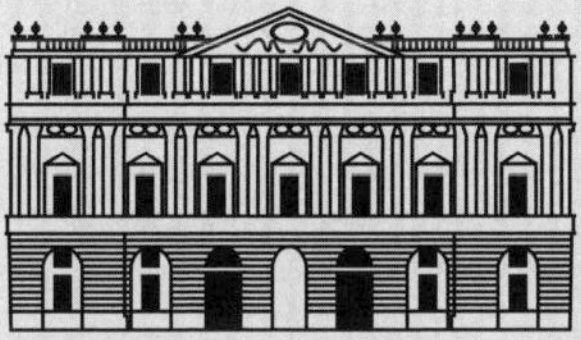

3. Scala / Teatro alla Scala

Viele Opernfreunde träumen von einem Besuch in der Mailänder Scala. Leider bleibt das für die meisten ein Traum, denn es ist sehr schwierig, Karten zu bekommen. Als kleiner, aber lohnender Trost eignet sich eine Besichtigung der Scala – und die ist innerhalb von Stadtführungen möglich. Von außen wirkt das berühmte Teatro alla Scala eher schlicht, aber innen sorgt die originalgetreue Restaurierung durch die Architektin Elisabetta Fabbri mit edlem Parkett und Bestuhlung aus Samt und Seide in Purpurrot für einen klassisch-eleganten Eindruck. So, wie es die Mailänder Fürstin Maria Theresia von Habsburg im 18. Jahrhundert plante und der neoklassizistische Architekt Giuseppe Piermarini umsetzte. Die aufwendig gestalteten Balkone gehörten damals bedeutenden Mailänder Familien, die sich hier vor allem trafen, um gesehen zu werden. Weltberühmte Opernklänge, beispielsweise von Giuseppe Verdi, verblassten oftmals zur Begleitmusik des gesellschaftlichen Imponiergehabes. Als allerdings 1951 die Callas hier ihre Stimme erklingen ließ, hielt das Publikum andächtig den Atem an. Das Opernhaus erreichen Sie vom Domplatz aus durch die Galerie Vittorio Emanuele II. Achten Sie am Ende der Galleria, an der Piazza della Scala, auf das Denkmal Leonardo da Vincis; von seiner Genialität zehrt Mailand noch heute.

Piazza della Scala, 1
Tel: 0039 02 72003744
www.teatroallascala.org

4. Galleria d'Arte Moderna

Nicht nur van Gogh, Cézanne und Renoir erwarten Sie in der ehemaligen Königsvilla aus dem Jahr 1790. Hier bekommen Sie einen guten Überblick über die Werke vieler europäischer Künstler des 19. und 20. Jahrhunderts. Die Galleria d'Arte Moderna ist eines der wichtigsten Museen für Wechselausstellungen. Auf der Website kann man sich informieren, was aktuell ausgestellt wird. Die Galleria d'Arte Moderna ist idyllisch an den Giardini Pubblici gelegen. Der Erbauer der Scala, Giuseppe Piermarini, legte diese öffentlichen Gärten 1782 an. Bei einem anschließenden Spaziergang unter prächtigen Bäumen kann man hier die lebhaften Eindrücke der zuvor genossenen Kunst in Ruhe und Würde nachhallen lassen.

Via Palestro, 16
Tel: 0039 02 88445943
www.gam-milano.com
Dienstag – Sonntag 9.00 – 13.00 Uhr
und 14.00 – 17.30 Uhr,
Montag geschlossen

5. Pinacoteca Ambrosiana

Nehmen Sie sich ausreichend Zeit für die in 14 Sälen ausgestellte Kunst. Unfassbar wertvoll sind die berühmtesten Werke der italienischen Malerei. Von den Arbeiten der alten Meister wie Raffael, Leonardo da Vinci, Tizian, Caravaggio, Giovanni Ambrogio de Predis, Botticelli, Tiziano, Barocci und Bruegel geht eine nahezu magische Ausstrahlung aus. Die Pinakothek ist wie die Bibliothek im Palazzo Ambrosiano untergebracht.

Piazza Pio XI, 2
www.ambrosiana.eu
Dienstag – Sonntag 10.00 – 17.30 Uhr,
Montag geschlossen

6. Castello Sforzesco

Man könnte Tage in der imposanten quadratischen Verteidigungsburg aus dem 14. Jahrhundert verbringen. Sie beherbergt mehrere sehenswerte Museen und hinter ihr liegt der Parco Sempione, die „Lunge Mailands".
Erspüren Sie den Geist Leonardo da Vincis. Er wurde im 15. Jahrhundert von Herzog Ludovico Maria Sforza, genannt „il Moro", beauftragt, blieb über 20 Jahre lang und kümmerte sich um das kulturelle Leben und die Kunst im Herrschaftshaus. Nach dem Tod seiner Frau Beatrice d'Este ließ „il Moro" den Privatraum „Sala delle Asse" im Erdgeschoss der Torre Falconiera (Museum der antiken Kunst im Erdgeschoss des Corte Ducale) von Meister Leonardo gestalten. Achten Sie auf das romantische und vielsagende Deckenfresko da Vincis: Laub-

bäume mit Ästen, die untereinander verbunden sind.
Das Sforza-Schloss hat den Moskauern so sehr imponiert, dass sie es als Vorbild für den Kreml heranzogen.

Piazza Castello
Tel: 0039 02 88463700
www.milanocastello.it
Täglich 7.00 – 18.00 Uhr (Winter),
7.00 – 19.00 Uhr (Sommer)

7. Pinacoteca di Brera

Alte Meister wie Rubens, Tintoretto, Tizian, Caravaggio und Tiepolo vom 14. bis 20. Jahrhundert in über 40 Sälen, darunter Tintorettos „Auffindung der Gebeine des heiligen Markus“ und Raffaels „Vermählung der Jungfrau“.

Via Brera, 28
Tel: 0039 02 722631
www.brera.beniculturali.it
Dienstag – Sonntag 8.30 – 19.15 Uhr,
Montag geschlossen sowie am
1. Januar, 1. Mai und 25. Dezember

8. Triennale di Milano

Gehören Sie zu den Menschen, die gern im Anschluss an Reisen ihre Inneneinrichtung umgestalten möchten – oder sogar gezielt deshalb nach Mailand fahren? Dann sollten Sie sich hier von den Alltagsobjekten wie Lampen, Tischen und Stühlen inspirieren lassen. Zur Mailänder Möbelmesse ist die Triennale der Ort für Visionen, Ausstellungen und Retrospektiven rund um allumfassendes Industriedesign.
2007 wurde das Triennale Design Museum im Parco Sempione eingeweiht; es hält die bedeutendste Sammlung italienischen Designs der Moderne bereit. Das dynamische Museum zeigt – neben permanenten Ausstellungen wie der Collezione permanente del design italiano, Coffee Design, il Fiat Café La Triennale und l'Art Book – häufig wechselnde Ausstellungen.

Viale Alemagna, 6
Tel: 0039 02 724341
www.triennale.org
Dienstag – Sonntag 10.30 – 20.30 Uhr,
Donnerstag 10.30 – 23.00 Uhr,
Montag geschlossen

9. Naviglio Grande

Das ist der perfekte Ort, um sich an einem lauen Sommerabend einfach mal ohne festes Ziel treiben zu lassen. An den Ufern des Naviglio pulsiert das Leben. Die Navigli ziehen sich seit dem Mittelalter als künstliches Wassernetz durch die gesamte Stadt und verbinden Mailand mit der Adria. Übrigens war es wiederum Leonardo da Vinci, der einen Hydraulikmechanismus zum leichteren Öffnen der Schleusen erfand – und so gewissermaßen dem Reichtum Mailands auf die Sprünge half.

Die früheren Arbeiter- und Handwerkerviertel mit den alten Waschhäusern und ihren typischen Holzdächern haben sich zu einer abwechslungsreichen Gegend entwickelt: Künstlerateliers, originelle Geschäfte, Kneipen, Trödelmärkte und Sommerkonzerte machen die Navigli zu einem sehr beliebten Treffpunkt.

10. Galleria Vittorio Emanuele II.

Um die laufstegartige Atmosphäre auf sich wirken zu lassen, trinken Sie am besten im Herzen der Galerie, im Café Savini, einen Cappuccino. Der hohe Preis lohnt sich, wenn Sie ihn mental als Eintrittskarte für das „Mensch gewordene Mailänder Schaufenster" bewerten. Von hier aus können Sie höchst elegante Kundinnen und Kunden mit ihren edlen Lacktüten beim „Power-Shopping" beobachten oder sich über internationale Touristen-Gruppen wundern, die sich nahtlos unter dem Glasdach gegenseitig fotografieren. „Il Salotto" (der Salon) wird zu Recht als schickste und exklusivste Einkaufspassage in ganz Italien bewertet. Seit 1877 steht sie gewissermaßen Pate für sämtliche innenstädtische Einkaufsmeilen Europas und wurde König Vittorio Emanuele II. gewidmet. In ihr sollte sich das Selbstbewusstsein des Mailänder Bürgertums widerspiegeln.

Die betreuenden Kellner stellen sich im Savini mit Namen vor und sind äußerst aufmerksam. Einer älteren Dame mit Tochter und Trippelhündchen, beide im texanischen Öl-Milliardärslook, werden in Sekundenschnelle Taschenbänke aus Holz gereicht, damit ihre edlen Designer-Handtaschen aus cremefarbenem Straußenleder nicht von unten beschmutzt werden.

Café Savini
Galleria Vittorio Emanuele II.
Via Ugo Foscolo 5
Tel: 0039 02 72003433
www.savinimilano.it

MUSEEN

Mailand ruht sich keineswegs auf seinen imponierenden Renaissance-Lorbeeren aus, die lombardische Hauptstadt bereitet auch der modernen Kunst ihren Weg.

Palazzo Reale

Im Palazzo Reale, hinter dem Dom, finden Sie das Museo del Duomo und das Museum für zeitgenössische Kunst. Es ist das bedeutendste Ausstellungszentrum Mailands für zeitgenössische und multimediale Kunst. Die Öffnungszeiten der verschiedenen Ausstellungen sind auf der Homepage angegeben.

Piazza Duomo, 12
Tel: 0039 02 875672
www.comune.milano.it/palazzoreale
Montag 14.30 – 19.30 Uhr,
Dienstag, Mittwoch, Freitag,
Sonntag 9.30 – 19.30 Uhr, Donnerstag und Samstag 9.30 – 22.30 Uhr

Fondazione Prada

Ein fantastisches Projekt der Prada-Stiftung: In den großzügigen Räumen werden seit 1993 mehrmals im Jahr interessante Ausstellungen renommierter internationaler Künstler gezeigt, darunter Michael Heizer, Sam Taylor-Wood, Laurie Anderson, Louise Bourgeois und Dan Flavin. Dazu gibt es ein schönes Café.

Largo Isarco, 2
Tel: 0039 02 5666 2611
www.fondazioneprada.org
Montag - Sonntag 10.00 – 20.00 Uhr,
Dienstag geschlossen

VERSTECKTE SEHENSWÜRDIGKEITEN

Casa del Manzoni

Man erfährt bei einem Blick in die Wohnung eines Menschen mehr, als wenn man ihn ein Jahr lang täglich für eine halbe Stunde trifft! Alessandro Manzoni (1785 – 1873), bedeutender italienischer Dichter und berühmt als Autor von „I Promessi

Sposi“, eines Epos der einfachen Leute, hat 60 Jahre lang in diesem „Upperclass-Haus“ in der Via Morone gelebt. Fast alles ist perfekt erhalten: seine Bibliothek, persönliche Erinnerungsstücke aus seinem Leben, sein Arbeits- und sein Sterbezimmer. Beeindruckend!

Via Gerolamo Morone, 1
Tel: 0039 02 86460403
www.casadelmanzoni.it
Dienstag – Freitag 10.00 – 18.00 Uhr,
Samstag 14.00 – 18.00 Uhr

Basilica di San Simpliciano
Wunderschön, steinalt und nicht so überlaufen: Im vierten Jahrhundert wurde die Basilika auf Wunsch des heiligen Ambrosius, des Mailänder Bischofs, errichtet. Dort ein Konzert zu erleben gehört zu den unvergesslichen Erlebnissen.

Piazza S. Simpliciano, 7
Tel: 0039 02 862274
www.sansimpliciano.it
Montag – Freitag 9.00 – 12.00 Uhr und 14.15 – 19.00 Uhr, Samstag und Sonntag 9.30 – 19.00 Uhr

Gottesdienste täglich 7.30, 10.00 und 18.00 Uhr, Samstag 18.00 Uhr, sonn- und feiertags 8.00, 10.00, 11.30 und 18.00 Uhr

GALERIEN

GióMARCONI

Gió Marconi
Die Arbeiten von Fontana, Pomodoro und Paolini machen die Galerie zu einer der wichtigsten der Stadt.

Via Tadino, 20
Tel: 0039 02 29404373
www.giomarconi.com
Dienstag – Samstag 10.30 – 12.30 Uhr und 15.30 – 19.00 Uhr,
Montag geschlossen

Francesca Minini
Seit 2006 widmet sich die Galerie von Francesca und Alexandra Minini jungen und aufstrebenden internationalen Künstlern. Die beiden Galeristinnen sind die Töchter des renommierten Massimo Minini, der seit über 40 Jahren im nördlichen Brescia

internationale Stars, wie Vanessa Beecroft, Peter Halley, Sol Le Witt, Dan Graham, ausstellt.

Via Massimiano, 25
Tel: 0039 02 2692 4671
www.francescaminini.it
Dienstag – Samstag 11.00 – 19.30 Uhr

Massimo de Carlo
Eine anspruchsvolle Auswahl moderner, internationaler, spannender Künstler wie Thomas Grünfeld, Yan Pei-Ming, Piotr Uklanski.

Via Giovanni Ventura, 5
Tel: 0039 02 70003987
www.massimodecarlo.it
Dienstag – Samstag 11.30 – 19.30 Uhr

DESIGNSTADT MAILAND

Salone Internazionale del mobile
Es gibt keine Stadt, die einen umfassenderen Eindruck von modernem Industriedesign bietet. Das gilt besonders, wenn Mitte April die Mailänder Möbelmesse ihre Hallen öffnet und sich nicht nur in Lambrate und Zona Tortona verteilt, sondern auch in der gesamten Innenstadt in Showrooms, Galerien und Möbelläden. Leider ist es so gut wie unmöglich, zu dieser Zeit ein Hotelzimmer zu bekommen – und wenn doch, zahlt man bis zu dreimal so viel wie sonst.
www.salonemilano.it

Sag '80
Flos, Artemide, Cappellini, Moroso, Molteni & C., Cassina, Boffi und Driade zählen zu den Designlabels, die in Mailand zu Hause sind und das weltläufige Publikum inspirieren:
Eine der besten Einrichtungs-Adressen ist das Sag '80. Hier können Sie auch echte Design-Schnäppchen machen.

Via Boccaccio, 4
Tel: 0039 02 4815380
www.sag80.com
Montag – Samstag 10.00 – 19.30 Uhr

MODEMETROPOLE

Seit 2009 trägt Mailand den Titel „Welt-Modehauptstadt“. Mitte Februar finden hier alljährlich die großen Frühjahrs-Schauen statt und verwandeln die Bürgersteige Mailands in Catwalks von internationalem Rang.

Ein Besuch im Straßencafé ersetzt das Blättern in der Vogue. Damit Sie im Label-Dschungel nicht die Orientierung verlieren, sagen wir Ihnen ausführlicher, als das in anderen Städten nötig ist, wo Sie was in welchen Geschäften finden:

Galleria Vittorio Emanuele II.

Schon am Flughafen werden Sie sich vielleicht fragen, wie die Mailänder es schaffen, so stilvoll auszusehen. Im „Il Salotto" finden Sie die Antwort gebündelt – beim Anblick der Geschäfte, wie zum Beispiel Louis Vuitton und Prada. Doch oft sind es Details und Accessoires, die den feinen Unterschied machen, und die sind hier sogar erschwinglich: Bei Piumelli bekommen Sie bunte, butterweiche Lederhandschuhe – dazu passen Hüte perfekt. Hutgeschäfte wie das „Borsalino" waren lange vom Aussterben bedroht, doch seit Pete Doherty, Sänger der „Babyshambles" und Ex-Freund von Kate Moss, mit „Altherren-Hütchen" die Bühne betrat, animiert er nicht nur Teenager auf der ganzen Welt zum Nachahmen.

Wie die feine Mailänderin ihren Tisch deckt, kann man sich beim Eintritt in den „Silber-Tempel" Bernasconi Argenteria vorstellen. Hier gibt es zeichenblockgroße, prächtige, silberne Bilderrahmen, in denen die Familie verewigt werden kann, oder schwere silberne Tabletts, die ganze Generationen überleben. Sterling ist zeitlos und repräsentiert die arrivierte, konservative Mailänder Lebensart. Bildung und Bücher dürfen natürlich nicht fehlen: Bei Rizzoli findet sich alles.

Die Galleria ist die Verbindung zwischen Domplatz und Piazza della Scala. Nach einem Aufenthalt hier, kombiniert mit einer Dombesichtigung und einem Campari im Zucca, dem Geburtsort des Campari, ist man dem Stil-Mythos Mailand einen gewaltigen Schritt näher gekommen.

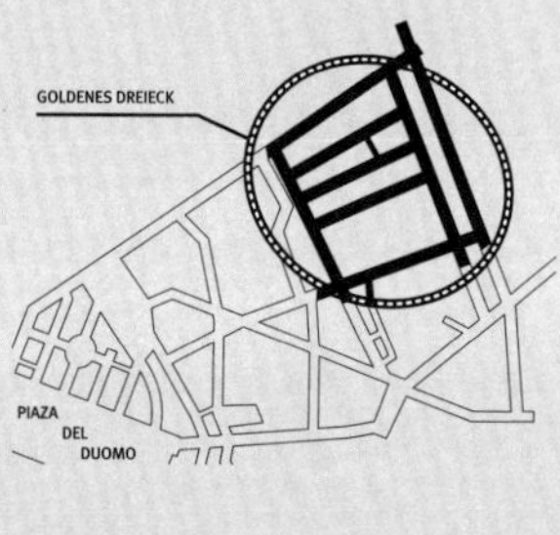

Goldenes Dreieck

Wesentlich weitläufiger wird es im „Goldenen Dreieck" mit den exklusivsten Adressen. Dazu gehören die Via Montenapoleone, die Via della Spiga und die Via Sant'Andrea nördlich des Doms. Zusammen mit der

Via Manzoni, der Via Borgospesso und der Via Santo Spirito prägen sie das eleganteste Shoppingviertel Mailands.
In der Via Montenapoleone finden Sie unter anderem Gucci, Versace, Salvatore Ferragamo, Fratelli Rossetti, Etro, Loro Piana, Louis Vuitton, Prada und Valentino. Chanel, Fendi, Armani, Moschino, Kenzo, Cesare Paciotti, Hermès, Prada und Trussardi liegen in der Via Sant'Andrea, die die Via Montenapoleone kreuzt. In der Via della Spiga, die wiederum die Via Sant'Andrea kreuzt, sind D&G, Krizia, Sergio Rossi, Gianfranco Ferré, Bottega Veneta, Tod's, Genny, Prada, Bulgari Costume National und Chopard.

„The big 5": Armani, Dolce&Gabbana, Gucci, Prada, Miu Miu

Emporio Armani

In Armanis Concept Store könnte man problemlos ein Wochenende verbringen: Mode und Möbel auf höchstem Niveau. Selbst das Restaurant im selben Gebäude hat der Meister des Stils selbst entworfen. Sollten Sie schwächeln, stärken Sie sich mit den frischen Köstlichkeiten im „Nobu". Aber warten Sie nicht auf Robert de Niro – er ist zwar Mitbesitzer, aber nur selten hier.

Via Manzoni, 31
Tel: 0039 02 72318600
www.emporioarmani.com

Gucci

Gucci steht für den Mailänder Stil, der unter der Führung des Designers Tom Ford wieder zu unglaublichem Erfolg gelangte. Über zwei Etagen zieht sich der luxuriöse Flagshipstore mit seinen zahlreichen Räumen in edlem Chrom und warmen Erdtönen. Auch wenn man nichts kaufen will, kann man sich hier von den neuesten Trends inspirieren lassen.

Via Montenapoleone, 5 – 7
Tel: 0039 02 771271
Montag – Freitag 10.00 – 19.00 Uhr, Samstag 10.00 – 19.30 Uhr, Sonntag 10.00 – 19.00 Uhr

Gucci Accessori
Galleria Vittorio Emanuelle II.
Tel: 0039 02 8597991

www.gucci.com

Prada

Prada ist das Modelabel in Mailand und seit Jahren verlässlich eine der konstant innovativen Kollektionen in Europa. Die Linie ist aktuell-modern, fast klassisch, ohne dabei jedoch bieder zu wirken. Filme wie „Der Teufel trägt Prada" und die Tatsache, dass Meryl Streep als nominierte Hauptdarstellerin zur Oscarverleihung in Prada erschien, erheben das Label zum Kult. Das Imperium wuchs im Goldenen Dreieck inzwischen auf fünf Läden an.

Galleria Vittorio Emanuele II., 63 – 65
Tel: 0039 02 876979
Montag – Samstag 10.00 – 19.30 Uhr,
Sonntag 11.00 – 19.00 Uhr

Prada Donna, Via Montenapoleone, 8
Tel: 0039 02 7771771
Montag – Samstag 10.00 – 19.30 Uhr,
Sonntag 11.00 – 19.00 Uhr

Prada Uomo, Via Montenapoleone, 6
Tel: 0039 02 76020273
Montag – Samstag 10.00 – 19.30 Uhr,
Sonntag 11.00 – 19.00 Uhr
Prada, Via della Spiga, 18
Tel: 0039 02 780465
Montag – Samstag 10.00 – 19.30 Uhr,
Sonntag 11.00 – 19.00 Uhr

Prada, Corso Venezia, 3
Tel: 0039 02 76001426
Montag – Samstag 10.00 – 19.30 Uhr,
Sonntag 11.00 – 19.00 Uhr

www.prada.com

Miu Miu

Die jüngere Linie der mailändischen Modekönigin Miuccia Prada spricht vor allem zarte Frauen an, die gern einen Stilmix tragen. Auf dem Corso Europa wird in modernster Architektur die komplette Kollektion präsentiert. Auch für Männer gibt es eine kleine Auswahl. Und die Schuh- und Taschenkollektion ist auch für ein nicht ganz so zartes Publikum interessant.

Via Sant'Andrea, 21
Tel: 0039 02 76001799
www.miumiu.com
Montag – Samstag 10.00 – 19.30 Uhr

Missoni

Missoni hat sich ebenso wie Gucci seit Längerem „entstaubt" und überrascht mit einer sehr kreativen Neuinterpretation der firmentypischen bunten Streifen. Das Geschäft in der edlen Via Sant'Andrea macht Lust auf Farben und verströmt eine gewisse Flowerpower-Leichtigkeit.

Via Montenapoleone, 8
(Eingang von der Via Sant'Andrea)
Tel: 0039 02 76003555
www.missoni.com
Montag – Samstag 10.00 – 19.30 Uhr

Tom Ford

Tom Ford ist einfach begnadet: Alles, was aus seinen Händen fließt, gelingt: Stoffe, Schnitte, Farben, Düfte, Filme. Als Regisseur von „A Single Man" wurde er für seine Sensibilität, seinen guten Geschmack, seine Stilsicherheit und schließlich für seine Kunst bejubelt. Das Aushängeschild seines Herrengeschäfts auf fünf Etagen ist ein Kunstwerk des Berliner Künstlers Anselm Reyle. Im Erdgeschoss können Sie selbst schöpferisch werden und sich in einer Mini-Parfümerie Düfte nach Ihren eigenen Vorstellungen kreieren lassen.

Via Pietro Verri, 3
www.tomford.com
Montag – Samstag 10.00 – 19.30 Uhr

Concept Stores Mailand

Dieci Corso Como

Ein Muss für alle Trendsetter und Fashionfreaks. Den Kern dieses Concept Stores bildet das geräumige Hauptgeschäft mit seinem schwarz-weißen Kringel-Design auf allen Wänden und Tüten, das alle aktuellen Modelabels für Männer und Frauen mit passenden Accessoires, Schuhen und Schmuck präsentiert. Nebenan werden ausgewählte Wohnaccessoires angeboten. Im zweiten Stock befinden sich Galerieräume mit wechselnden, sehr lohnenden Ausstellungen. Ein perfekt sortierter Kunstbuchladen und eine kleine, anspruchsvolle Auswahl an guter Musik runden das Konzept ab. Nur in dem kleinen Café-Restaurant in der üppig grün bepflanzten Innenhof-Idylle gerät man etwas in Verwirrung, weil nie klar ist, wo man wann von wem bedient wird.

Corso Como, 10
Tel: 0039 02 29002674
www.10corsocomo.com
Montag – Sonntag 10.30 – 19.30 Uhr,
Mittwoch und Donnerstag
bis 21.00 Uhr

wait and see

Alles andere als italienisch geht es in dem Concept Store der Stylistin und Art Direktorin Umberta Zaletta zu. In ihrem Laden hängen peruanische Blusen neben kalifornischen Kleidern und finnischen Hosen. In den Regalen dann mexikanische Schuhe, Schmuck aus Südafrika und Duftkerzen aus Frankreich. Der erste Eindruck ist erschlagend, aber vielleicht heißt der Laden genau deswegen wait and see. Der Besucher soll eintreten, ein Käffchen trinken und sich ganz in Ruhe durch die Regale stöbern.

Via Santa Marta, 14
Tel: 0039 02 7208 0195
Montag 15.00 – 19.30 Uhr,
Dienstag – Samstag 10.00 – 19.30 Uhr

Eataly Milano Smeraldo

Wer noch Platz in seinem Koffer hat, der sollte unbedingt bei der Feinkostkette Eatly vorbeischauen und sich Italien für zu Hause kaufen. Eataly mit leeren Händen zu verlassen, ist fast unmöglich. Im ehemaligen Teatro Smeraldo in Mailand erstrecken sich über vier Stockwerke 19 Eateries, die unterschiedliche italienische Köstlichkeiten anbieten, ein Sterne-Restaurant (Alice), zahlreiche Feinkostständе sowie Räumlichkeiten für Food-Workshops, aber auch andere Events wie kostenlose Konzerte, Lesungen, Tanz und Theater.

Piazza XXV Aprile, 10
Tel: 0039 02 4949 7301
Sonntag – Donnerstag 8.30 – 23.00 Uhr, Freitag – Samstag bis 24.00 Uhr

INSIDER LABELS

Henry Beguelin

Bei Henry Beguelin sehen die Schuhe, Gürtel und Taschen einfach anders aus. Fans erkennen sie sofort an ihrem Leder, an der besonderen Art mit den Nähten umzugehen und an den kleinen Stickdetails. Natürlich auch am zurückhaltenden Logo, einem kleinen Fadenstrichmännchen, das

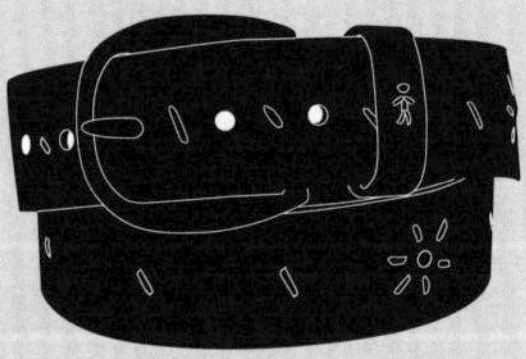

sich perfekt in das sympathisch pure Understatement einfügt. Der Laden kreiert seine ganz eigene Welt: ein wenig Ethno im Mexikostyle, ohne dabei jedoch zu „öko" zu sein, verfeinert mit dem untrüglichen Sinn eines Modedesigners aus Belgien, der dazu noch in Mailand lebt.

Via Caminadella, 7
Tel: 0039 02 72000969
www.henrybeguelin.it
Montag 15.00 – 19.30 Uhr,
Dienstag – Samstag 10.30 – 19.30 Uhr

Kristina Ti
Hauchzart und mädchenhaft sind die modischen Schöpfungen von Kristina. Besonders schön sind die kleinen gestrickten Bikinis und die schmalen Kleidchen.

Via Solferino, 18
Tel: 0039 02 653379
www.kristinati.it
Montag – Freitag 15.00 – 19.00 Uhr,
Samstag 10.00 – 19.00 Uhr

Luisa Cevese
Die ganze Wand hängt voller schöner bunter Taschen. Die Unikate werden aus recyceltem Plastik mit eingearbeiteten Textilbändern hergestellt und in vielen verschiedenen Größen angeboten. Ein klares, schönes Konzept. Auch am Wochenende können Termine vereinbart werden.

Via San Sisto, 8
Tel (Mobil): 0039 3333055542
www.riedizioni.com
Montag – Freitag 9.00 – 13.00 Uhr
und 14.00 – 18.30 Uhr, Samstag und
Sonntag geschlossen

ALTE KULTLABELS

Fornasetti
Suchen Sie ein Wohnaccessoire „tipico milanese"? Fornasetti ist die klare Antwort. Seit den 30er-Jahren hat der inzwischen verstorbene Piero Fornasetti mit seinen unverwechselbaren surrealen Dekoren unzählige Möbel, Teller, Schirme, Tabletts und Stoffe bemalt. Ironisch und unverwechselbar gestaltete er auch Hotels und das Casino in San Remo. Inzwischen ist sein Laden wieder im Corso Matteotti zu finden und bietet eine unendliche Auswahl skurrilster Objekte an.

Corso G. Matteotti, 1/A
Tel: 0039 02 89658040
www.fornasetti.com
Montag 15.00 – 19.00 Uhr,
Dienstag – Samstag 10.00 – 19.00 Uhr

Pellux

Einen Koffer von Pellux hat man sein Leben lang. Die in Kleinserie hergestellten Koffer bestechen besonders durch ihre nützlichen Details. Dabei verbindet sich die traditionelle Verarbeitung schlüssig mit modernen Errungenschaften wie Rollen und Ausziehgriffen. Große Schrankkoffer und Hutschachteln, wie aus alten Filmen entsprungen, kann sich der Kunde in seiner Lieblingsfarbe anfertigen lassen. Jetzt fehlt nur noch der passende Sportwagen mit Kofferablage.

Via Angelo/Ragazzi del'99
Tel: 0039 02 864104
Täglich 10.00 – 19.00 Uhr

Valextra

Valextra

Die feinen und schlichten Koffer, Taschen, Accessoires und Portemonnaies genießen in der ganzen Welt Kultstatus. Sie sind in den schönsten Farben zu haben und handwerklich anspruchsvoll gearbeitet – was auch seinen Preis hat. Eine Firma, die für Mailänder Understatement steht wie kaum eine andere Marke.

Via A. Manzoni, 3
Tel: 0039 02 99786060
www.valextra.com
Montag – Samstag 10.00 – 19.00 Uhr

FLOHMÄRKTE

Fiera di Senigallia

Hier am Kai findet sich jeden Samstagmorgen alles: indisches, süd-amerikanisches und afrikanisches Kunsthandwerk; Secondhand-Garderoben, Fakes und original 20er-Jahre-Möbel, Bücher, Schallplatten, Videos und DVDs. Typischer Soundtrack ist das rhythmische Trommeln musikalischer Senegalesen.

Viale d'Annunzio

Mercatone del Naviglio Grande

Der Antiquitätenmarkt in Mailand schlechthin, romantisch schön im Kanalviertel Naviglio gelegen. Leider findet er nur einmal im Monat statt – und zwar jeweils am letzten Sonntag des jeweiligen Monats.

Alzaia Naviglio Grande

Mercato dell' Antiquariato

Kleiner exquisiter Antiquitätenmarkt in den Gassen des Boheme-Viertels Brera an jedem Samstag im Monat.

Via Fiori Chiari

OUTLET

Es gibt unzählige Outlets in Mailand, der Provinz und den Vororten. Ein besonders breites Angebot finden Sie in Fidenza Village. Ein echter Ort mit über 100 Outlet-Boutiquen. Hier gibt es ganzjährig bis zu 70 Prozent auf alles: Armani, Coccinelle, Missoni, Paul Smith etc. – was es dagegen nicht gibt, ist eine sterile Retorten-Mall-Atmosphäre. Ein Shopping-Express fährt von der Piazza Castello einmal täglich um zehn Uhr ab.

Fidenza Village
Via San Michele Campagna
43036 Fidenza (Parma)
Tel: 0039 0524 33551
www.fidenzavillage.com
Montag – Sonntag 10.00 – 20.00 Uhr

AUF DEM WASSER DURCH DIE STADT

Wenn Sie sich nostalgisch zurück in die Anfänge der pulsierenden Großstadt versetzen wollen, können Sie das für 15 Euro am besten per Schiff. Im 19. Jahrhundert galt Mailand als Wasserstadt, sie war mit 230 Kilometern künstlich angelegten Wasserwegen durchzogen. Lohnenswert ist eine Bootstour mit der Linie 1 entlang der Navigli an Pavese und Darsena vorbei. Die Eindrücke sind sehr kontrastreich: Studentenflair, morbide Fassaden und glanzvoll Restauriertes. Sonntags nach einem Bummel über den Antiquitätenmarkt Mercatone dell'Antiquariato am Naviglio Grande ist diese circa einstündige Tour die perfekte Abrundung.

Abfahrt: Alzaia Naviglio Grande, 66, am Pallazo Galloni
www.navigli.net
Täglich 16.00, 17.00 und 18.00 Uhr

KÖSTLICHES ZWISCHENDURCH

Pasticceria Cova

Wer eine kleine Erholungspause im Goldenen Dreieck braucht und die Gesellschaft feiner älterer Damen in olivfarbenen Kostümchen nicht scheut, sollte sich hier von einer der exquisiten Süßigkeiten verführen lassen. Berühmt ist Cova für sein mit zarter Karamellcreme gefülltes Panettone, ein Rezept, nach dem seit 1817 erfolgreich gebacken wird. Bleibt man länger, kann man die perfekt gekleideten Verkäuferinnen der umliegenden Nobelläden und ihre mit großen Tüten beladenen Kundinnen beim Aperitif beobachten.

Via Montenapoleone, 8
Tel: 0039 02 76005599
www.pasticceriacova.com
Montag – Samstag 8.00 – 20.30 Uhr,
Sonntag 10.00 – 19.00 Uhr

Pasticceria Marchesi

In dieser wunderschönen Pasticceria, mit angeschlossenem Café, sind die Cornetti und der Kaffee ein Genuss der feinen, traditionellen Art. Auf dem alten Tresen aus dunklem Holz findet man eine so große Auswahl süßer Köstlichkeiten, dass die Wahl nicht leicht fällt. Der Panettone ist und bleibt einer der besten der Stadt und eignet sich als schön verpackter Klassiker wunderbar zum Verschenken.

Via Santa Maria alla Porta, 11a
Tel: 0039 02 862770
www.pasticceriamarchesi.com
Dienstag – Samstag 7.30 – 20.00 Uhr,
Sonntag 8.30 – 13.00 Uhr

Luini

Wählen kann man hier nur zwischen Pizza und Panzerotti – entweder mit

Tomate/Mozzarella oder Schinken/Mozzarella. Beides schmeckt hervorragend. Eine absolute Kultadresse für einen schnellen Imbiss unweit des Doms.

Via Santa Radegonda, 16
Tel: 0039 02 86461917
www.luini.it
Montag 10.00 – 15.00 Uhr
Dienstag – Samstag 10.00 – 20.00 Uhr

BEST OF DELIS

Poporoya
Ein echter Geheimtipp für einen Sushi-Lunch. Hinter dem Vorhang eines japanischen Lebensmittelladens steht man mittags Schlange für frisches Sushi. Die etwas beengte Kabine mit den zwölf Sitzmöglichkeiten könnte auch in Japan nicht authentischer sein.

Via Eustachi, 17
Tel: 0039 02 29406797
www.poporoyamilano.com
Montag – Samstag 9.30 – 14.00 Uhr
und 17.30 – 21.30 Uhr

Pattini
Scheuen Sie nicht die Schlange, sie spricht für sich! Bereits der aus der Bäckerei strömende Duft lässt ahnen, warum die Mailänder hier bereit sind, eine Nummer zu ziehen, um bedient zu werden. Dauerbrenner sind das runde Mehrkornbrot und das Olivenbrot. Uns hat die hauchdünne Pizza mit weißem Käse überzeugt und zum mehrfachen Wiederholungstäter gemacht.

Via Solferino, 5
Tel: 0039 02 8053096

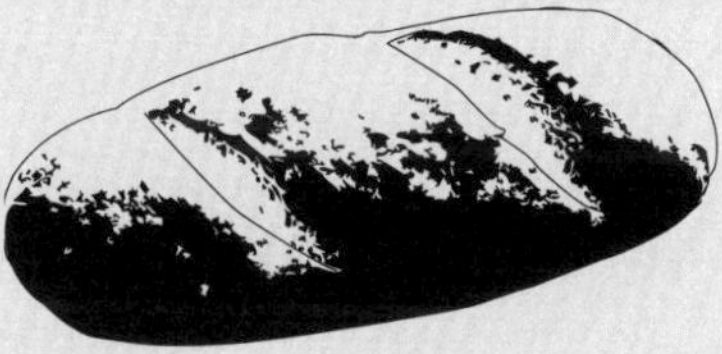

Designer Restaurants – Lifestyle

Armani Restaurant Nobu
Wenn man ein Kleidungsstück von Armani kauft, hat man das Gefühl, sich etwas sehr Gutes getan zu haben. Isst man anschließend im Nobu Restaurant, geht es einem genauso. Nobuyuki Matsuhisa hat mit seiner ganz eigenen Küche japanische, südamerikanische und peruanische Einflüsse unter einen Kochtopfdeckel

gebracht. Köstlich und kostspielig – aber dafür schmeckt hier nichts auch nur ansatzweise künstlich.

Via Pisoni, 1
Tel: 0039 02 723 18645
www.noburestaurants.com
Montag – Samstag 12.00 – 14.30 Uhr
und 19.30 – 23.30 Uhr,
Sonntag 7.30 – 23.30 Uhr

Bulgari Hotel

Man muss nicht im Bulgari Hotel wohnen, um dort auf einer der schönsten Terrassen mit Blick auf den großartigen Garten zu brunchen. Die Lage ist sehr zentral, alles ist zu Fuß erreichbar und doch liegt es ganz ruhig in einer kleinen Sackgasse direkt an einem Park. Das moderne, freundliche Bulgari ist eine der Adressen für die Mode- und Design-szene, die in Mailand regelmäßig aufläuft.

Via Privata Fratelli Gabba, 7b
Tel: 0039 02 8058051
www.bulgarihotels.com

Spazio Rossana Orlandi

Eine neue Pilgerstätte für alle Design- und Mode-Afficionados, die sensibel ausgesuchte, zeitgemäße Dinge lieben. Ganz wie die Designerin Paloa Navone selbst, die ihre geschmackvolle Auswahl mit viel Gefühl präsentiert. Was wäre Mailand ohne diese immer neuen Adressen des guten Geschmacks. Im Haus Nummer 16 wird die Mode präsentiert, im Haus Nummer 14 sind die Möbel und das „Marta" um die Ecke untergebracht.

Via Matteo Bandello, 14 – 16
0039 02 467447-1
www.rossanaorlandi.com
Mo – Sa 10.00 – 19.00 Uhr

Marta

Wenn Paola Navone ihre Hand im Spiel hat, weiß jeder: Mailand ist wieder um eine weitere geschmackvolle Adresse reicher. Angeschlossen an den Konzeptstore „Spazio Rossana Orlandi" können Sie nach einer Shoppingtour in dem sandfarben gehaltenen Raum mit einem Risotto oder einem frischen Salat bestens wieder zu neuen Energien gelangen. Die Möbel, auf denen Sie sitzen, können Sie bei Gefallen auch kaufen!

Via Matteo Bandello, 14
0039 02 48198622
www.martabibendum.it
Montag – Samstag 8.30 – 15.30 Uhr
und 20.00 – 22.00 Uhr

DO SOMETHING YOU HAVE NEVER DONE BEFORE

Stellen Sie sich vor, Sie machen ein Picknick und brauchen sich weder um Zubehör und Speisen noch um eine idyllische Location zu kümmern! Dieses unkomplizierte und gemütliche Szenario bietet die California Bakery an. Das Picknick für zwei kostet 40 Euro und gestaltet sich äußerst gemütlich – mit Kissen auf der Wiese direkt gegenüber dem Café mit Blick auf die Kirche Sant'Eustorgio. Das amerikanische Konzept der California Bakery ist eine willkommene Abwechslung zur klassischen Mailänder Frühstücksbar: Um ausgiebig zu brunchen, gibt es kaum einen idealeren Ort. Lassen Sie sich von den Köstlichkeiten wie Carrot Cake, Lox Cream Cheese Bagels, Pancake, French Toast und Apple Pie verführen. Auch gesundheitsbewusste Genießer kommen hier auf ihre Kosten und können sich an Granola mit frischen Früchten, Joghurt, erfrischenden Smoothies, einem umfangreichen Teeangebot und frischen Säften mit Ingwer erfreuen. Lassen Sie sich nicht durch das Erklingen der heiligen Kirchturmglocken Sant'Eustorgios vom „Sündigen" abhalten und bestellen Sie sich den Double Chocolate Cake mit Himbeeren oder den Choco-Coffee New York Cheese Cake für je sechs Euro – beichten lohnt sich!

DELI SHOPPING

In jedem Viertel fragt man sich mindestens einmal: „Warum gibt es so etwas eigentlich nicht bei uns?" – Kleine Delis, mit frischen Kräutern, Obst, Gemüse, Käse, Schinken und vor allem mit den köstlichsten vorgekochten Gerichten. Fastfood auf höchstem Niveau. Auch so bereichern die Mailänder ihren Lebensstil: herrlich unkompliziert.

Rossi & Grassi
Wer privaten Käsehandel betreibt oder ein Geschenk für die daheimgebliebenen Hunde- und Blumen-Hüter braucht, ist bei Rossi & Grassi gut aufgehoben. Auch seltene Käsesorten, Speck und Vorspeisen, ideal für das erste Abendessen nach dem Rückflug, kann man hier in feinster Qualität und Frische erstehen.

Via Solferino, 12 und
Via Ponte Vetero, 4
Tel: 0039 02 86462247
www.rg.mi.it
Montag – Freitag 15.30 – 19.30 Uhr,
Samstag 20.30 – 1.00 Uhr

Eataly Milano Smeraldo
(siehe S. 102)

EISDIELEN

Chocolat
Appetitlicher kann Eis nicht aussehen! Eisberge, deren cremige Konsistenz schneller auf der Zunge zergeht, als man sie essen kann. Das Schokoladeneis ähnelt halbgefrorener Mousse au Chocolat und ist wohl das beste in der Stadt. Wer kein Eis möchte, der kann eine heiße Schokolade trinken oder Schokolade zum Mitnehmen kaufen. Vorsicht Suchtgefahr: Die Schokolade mit Chili von der toskanischen Firma Slitti kann augenblicklich abhängig machen.

Via Giovanni Boccaccio, 9
Tel: 0039 02 48100597
Montag – Samstag
8.00 – 24.00 Uhr,
Donnerstag und Sonntag
11.00 – 24.00 Uhr

Gelateria Solferino
Eine gute Gelateria in perfekter Lage.

Ganz besonders gehaltvoll schmecken Schokolade, Pistazie und Stracciatella – und was uns sehr gefällt, ist, dass alle Eissorten auf natürlicher Basis hergestellt werden.

Via Solferino, 18
Tel: 0039 02 6592098
Montag – Samstag
8.00 – 24.00 Uhr,
Donnerstag und Sonntag
11.00 – 24.00 Uhr

MIT DEM FAHRRAD UNTERWEGS

Der Verkehr in Mailand ist erheblich. Schneller und bequemer geht es mit dem Rad. Die Mailänder sind sehr rücksichtsvoll; selbst wenn man in der Rushhour den Fußgängerweg wählt, ist das völlig in Ordnung. Strenger sind die offiziellen Verkehrsregeln, die vorschreiben, nach Einbruch der Dunkelheit eine Warnweste zu tragen.

Die stabilen Bike Me!-Räder zum Ausleihen gibt es an allen zentralen Anlaufstellen und an jeder beliebigen anderen Anlegestelle kann man sie ganz unkompliziert wieder abgeben. Wir empfehlen eine Radtour durch die Giardini Pubblici, das ist herrlich entspannend und mit dem Rad noch viel ergiebiger als zu Fuß.

AUSFLÜGE

Sie haben die Wahl: die Universitätsstadt Pavia; das mittelalterliche Monza mit seinen kunsthistorischen Schätzen; das beschauliche Bergamo oder Como mit seiner legendären Seelage:

Como

Das elegante Como gilt beinahe als Vorort Mailands. Ein Bummel durch die fast autofreie Altstadt ist eine entspannte Alternative zum Mailänder Trubel. Wer sich vom mediterranen Flair des Comer Sees bezaubern lassen möchte, sollte sich auf den Weg nach Bellagio zur Villa Carlotta machen, der berühmtesten aller Lario-Villen. Die Gemälde und Skulpturensammlung und der üppige Terrassengarten sind sehenswert. Absolut unvergesslich ist der Blick auf den intensiv blau glitzernden Comer See. Aber auch die Promenaden der malerischen Uferstädtchen garantieren, neben mildem Seeklima, romantische Atmosphäre! Kein Wunder, dass hier immer öfter Hollywoodstars nach Wohnsitzen suchen. Über die Autostrada dei Laghi A9 sind es 74 Kilometer.

PARKS

Parco Sempione

New Yorker Central-Park-Feeling gibts in Mailands Schlosspark Parco Sempione: Wenn auch englisch vornehm angelegt, spielen hier auf großen Wiesen ältere Herren Boccia und „junge Wilde“ Frisbee. Das Angebot an Teichen, Bänken und Kinderspielplätzen wirkt im heißen Sommer geradezu magnetisch auf alle Altersgruppen. Doch Mailand wäre nicht Mailand, wenn es nicht auch hier mehr zu bieten hätte als grüne Freizeitflächen. Im Parco Sempione befinden sich die Ausstellungshallen der Triennale. Im Drei-Jahres-Rhythmus finden hier wechselnde Kunstausstellungen statt, die sich absolut lohnen. Durch die Porta del Barco gelangt man in den weitläufigen Park.

Piazza Sempione

BESTE AUSSICHT

Torre Branca

Falls Sie einen Ort für ein Liebesgeständnis suchen – hier ist er: auf dem 106,8 Meter hohen Aussichtsturm Torre Branca, hinter dem Triennale Museum! Man kann mit dem Aufzug in 97 Meter Höhe fahren und genießt von dort einen fantastischen Blick über Mailand, das Castello und die Domspitze mit der Madonnina sowie über den Schlosspark und die Arena Civica. Wir empfehlen, dies bei untergehender Sonne zu tun und anschließend im Designer-Café Just Cavalli, direkt am Torre Branca, in das abendliche Treffen der Mailänder einzutauchen.

Parco Sempione
Viale al Parco Luigi Camoens
Montag und Dienstag 21.30 – 0.30 Uhr,
Mittwoch und Samstag
10.30 – 12.30 Uhr, 15.30 – 18.30 Uhr und
21.30 – 0.30 Uhr,
Sonntag 10.30 – 18.30 Uhr und
21.30 – 0.30 Uhr

Mailänder Dom

Wenn Sie bis zu den Alpen blicken wollen, dann – bei klarem Wetter – rauf auf den Dom. An der Nordseite führen eine Treppe und ein Fahrstuhl nach oben, beides ist kostenpflichtig – im Gegensatz zum Eintritt. Es lohnt sich, schließlich steht man auf dem bedeutendsten Werk gotischer Baukunst.

Piazza del Duomo
www.duomomilano.it

MAILÄNDER PERSÖNLICHKEITEN

Luchino Visconti (1906 – 1976)

Luchino Visconti war der dritte Sohn des ersten Herzogs von Grazzano Visconti, Giuseppe Visconti di Modrone (1879 – 1941), und stammt somit aus einer der reichsten Hochadelsfamilien Mailands.
Politisch sympathisierte Visconti mit dem Kommunismus und wurde 1944 wegen Widerstandstätigkeiten gegen den Faschismus verhaftet.
Sein Film „Besessenheit“ (1943) gilt als der Vorläufer einer neuen Stilrichtung, des Neorealismus. In den 1960er-Jahren setzte Visconti abermals neue Filmmaßstäbe. Mit seiner Mischung aus adeliger Herkunft, kommunistischer Haltung und seiner brillant präzisen Gesellschaftsanalyse schuf er neben „Der Leopard“ (1963) mit „Die Verdammten“ (1969), „Tod in Venedig“ (1971) und „Ludwig II.“ (1972) Meisterwerke der Filmgeschichte. Nach einem Schlaganfall

gelangen ihm noch zwei weitere herausragende Filme: „Gewalt und Leidenschaft“ (1974) und die Verfilmung des Romans „Die Unschuld“ von Gabriele d’Annunzio (1976).
Visconti war ein mit Preisen ausgezeichnetes Genie, er wurde auch als Theaterregisseur gefeiert. Als Opernregisseur inszenierte er unter anderem an der Mailänder Scala, der Wiener Staatsoper, der Londoner Covent Garden Opera und setzte vor allem Opern von Giuseppe Verdi, aber auch Werke von Wolfgang Amadeus Mozart, Giacomo Puccini oder Richard Strauss in Szene.
Visconti war in vielerlei Hinsicht unkonventionell; er scheute sich nicht, dies in der Öffentlichkeit zu zeigen.

Miuccia Prada (*1949)

Miuccia Prada wurde am 10. Mai 1949 in Mailand als Spross der Prada-Dynastie geboren. Sie studierte nach ihrer Schauspielausbildung politische Wissenschaften und promovierte zum Dr. phil. Mit kaum 30 Jahren übernahm sie 1978 die Geschäftsleitung des von ihrem Großvater gegründeten Luxus-Ledermoden-Hauses und verhalf dem inzwischen verstaubten Familienbetrieb mit ihrem Stil zu neuem Glanz.
Miuccia Prada mischte Natur- mit Kunstfasern, Luxusstoffe mit Werkstoffen, besetzte Pelze mit Perlen und ließ Farben nicht nur auf Stoffen und Strickwaren verlaufen, sondern auch auf Ledertaschen. 1992 gründete sie ihr zweites Label Miu Miu. Das preiswertere Einsteigerlabel trägt nicht nur Miuccias Spitznamen, sondern erinnert an ihren eigenen früheren hippieartigen Vintage-Kleidungsstil. 1995 gründete sie die Fondazione Prada zur Förderung des künstlerischen Nachwuchses. Ende der 1990er-Jahre

kaufte sie unter anderem das Hamburger Label Jil Sander.
Heute steht Prada, hinter Gucci und Armani, auf Platz drei der Liste der erfolgreichsten Modeunternehmen weltweit.

BUCHTIPP

„Die Herzogin von Mailand"
von Michael Ennis

Der historische Roman von Michael Ennis beschreibt das faszinierende Leben der Beatrice d'Este und ihrer Cousine Isabella von Aragon, zweier schöner Frauen, die erst Freundinnen sind und dann zu Feindinnen werden. Beatrice d'Este heiratet im Alter von 15 Jahren den sehr viel älteren Ludovico Sforza, genannt „il Moro", und stirbt mit nur 22 Jahren.

Auf spannende Weise erzählt der gebürtige Kalifornier Ennis von Machtkämpfen, Intrigen, Affären und Politik am Hofe von Mailand und wie die junge Beatrice lernt, sich zu behaupten, bis sie schließlich Einfluss auf die Geschichte nimmt.

Der Autor Michael Ennis ist Historiker und Kunstgeschichtler und lebt in Texas. „Die Herzogin von Mailand" ist ein gutes Buch, um sich Mailand in der Renaissance vorstellen zu können.

FILMTIPP

„Das Wunder von Mailand"
Regie: Vittorio De Sica

Vittorio De Sicas einziger Fantasyfilm stammt aus dem Jahr 1951 und basiert auf der Novelle „Das Wunder von Bamba" (Originaltitel: „Totò il buono") von Cesare Zavattini, der auch das Drehbuch schrieb. Der Film gehört zum Genre des Neorealismus. Zu seinen Begründern zählen italienische Literaten, Filmautoren und Regisseure – neben Vittorio De Sica auch Roberto Rossellini, Luigi Zampa, Luchino Visconti und Federico Fellini. Es war ihre Art, den Faschismus in Italien zu reflektieren. De Sicas „Das Wunder von Mailand" handelt von einer alten Frau, die in ihrem Garten ein Baby findet, es Toto nennt und wie ihr eigenes Kind aufzieht. Als sie stirbt, kommt Toto in ein Waisenhaus, das er erst als junger Mann verlässt. Er scheitert und lebt in einem Slum, auf dessen Gelände Öl gefunden wird.

Toto engagiert sich gegen die geplante Förderanlage und für den Erhalt des Slums. Zur Unterstützung schickt seine Mutter ihm eine „magische Taube"; am Ende reiten alle Slumbewohner auf Besen in den Himmel.
Als ein „Loblied auf Güte und Hilfsbereitschaft, reich an poetischen und humanen Werten" und als „eines der unvergänglichen Meisterwerke der Filmkunst" bewertet das Lexikon des Internationalen Films De Sicas vielfach ausgezeichneten Kinofilm.